DE L'ORGANISATION

DES TRAVAILLEURS

ET

DE LEURS PENSIONS DE RETRAITE,

SANS RETENUE SUR LES SALAIRES
NI CRÉATION D'IMPÔT;

PAR

HAROU-ROMAIN,

MEMBRE DE LA SOCIÉTÉ CENTRALE DES ARCHITECTES
ET DE LA SOCIÉTÉ D'ÉCONOMIE CHARITABLE DE PARIS.

> Qui pourrait nier
> Qu'à l'homme *qui veut travailler*, la
> société doit, non l'aumône, mais le
> pain du travail?
> Qu'à l'homme *qui a bien travaillé*, la
> société doit, non l'aumône, mais le
> pain du repos?

1848

DE L'ORGANISATION
DES TRAVAILLEURS

ET

DE LEURS PENSIONS DE RETRAITE.

Toucher à la question des ouvriers, c'est aujourd'hui toucher la lave du volcan.

Quel entraînement me pousse donc à le faire?

Serait-ce parce que j'ai longuement médité sur cette grande question sociale?

Serait-ce parce que des idées arrêtées m'ont conduit, il y a déjà bien des années, à demander une organisation des classes ouvrières? — ou bien parce que, dans un article publié la veille des grands événements de février, je disais encore qu'il fallait, à tout prix, s'occuper de cette organisation; — qu'il le fallait, si on voulait conjurer l'orage qui, en éclatant dans les rues de Paris, a ébranlé la société jusque dans sa base?

Mais je ne me fais pas d'illusion, et je sais que tout ce que je proposais, et qu'on trouvait naguère encore bien trop avancé, semblera aujourd'hui très-arriéré.

1.

N'importe : — je n'irai pas, pour me mettre à la hauteur des idées du moment, mêler ma voix à toutes celles qui excitent les ouvriers sur cette pente effrayante qu'ils descendent à toutes jambes.

Je veux, au contraire, rester sur le terrain où j'étais il y déjà dix ans.

J'y reste, par amour pour la cause même de ces ouvriers avec lesquels j'ai vécu et travaillé pendant ma vie entière.

J'y reste, parce qu'au bas de la pente où je viens de dire qu'on les précipitait, je ne peux me persuader qu'ils trouvent le bonheur qu'on leur promet; — parce que je tremble, au contraire, qu'ils y trouvent un précipice; — et parce que, s'ils ne s'arrêtaient qu'au bord, il leur faudrait regravir péniblement une partie de tout le terrain descendu.

J'y reste, parce que, si dans ma conviction la vérité est à une place, je ne dois pas la quitter pour aller où va la foule : — car, la vérité est éternelle, et quand je crois fermement que là, à cette place, on peut fonder des institutions qui rattachent les ouvriers à la grande famille sociale, je serais coupable de ne pas le dire bien haut : — dans toute circonstance grave, quiconque est résolu à porter secours doit avoir le cœur ferme et la pensée bien déterminée.

Pour me mettre à l'œuvre je ne vais donc pas m'arrêter à discuter toutes ces mesures, toutes ces tendances qui ne préparent aux ouvriers que la misère, à la société que des désordres, au pays que des dissensions; — je ne m'arrêterai pas à montrer combien il est absurde de ne songer qu'à augmenter le prix de journée et à diminuer les heures de travail dans le moment même où tous les producteurs n'ont ni ressources, ni débouchés, — et quand, par je ne sais quelle fatalité, chaque mesure prise pour éviter un mal qui menace a pour conséquence de tarir encore les sources de production; — je ne m'arrêterai pas davantage à déplorer ces tendances à réduire les octrois des villes, tendances fatales..... car elles amoncelleront dans ces villes des masses disproportionnées de population, au grand préjudice de la santé publique, des mœurs du peuple et très-certainement de son bien-être ; — et, par contre-coup, prenez-y garde, ces mêmes tendances dépeupleront nos campagnes où, pour le salut de la patrie, il faudrait, au contraire, porter toute la nation virile, comme autrefois nos pères, pour le salut de la même patrie, l'ont portée dans les camps et sur les champs de bataille.

Peut-être, cependant, me faudrait-il au moins dire un mot du socialisme industriel, — de celui qui expose l'ouvrier à perdre la plus-belle conquête de l'homme, dans les temps modernes..... LA LIBERTÉ ! car ce socialisme en ferait un moine de couvent, et le moine, dans son couvent, n'était-il pas prisonnier de la règle de son ordre, cent fois moins libre que le sujet d'un roi, d'un despote ! — Mais comme, après tout, mes idées s'appliquent tout aussi bien au socialisme qu'au travail libre, j'aurais encore tort de m'arrêter, de ne pas poursuivre ma route, de ne pas montrer comment pourrait être fondée cette vaste organisation qui confondrait, selon moi, les intérêts de toutes les classes ouvrières avec ceux de la masse entière de la société.

Je dois avant tout rappeler des principes que j'ai déjà posés ailleurs, parce qu'ils serviront de base à l'édifice.

Ces principes :

C'est que tous les hommes ou presque tous sont ouvriers ; les uns s'occupant de travaux purement manuels, — les autres de travaux en partie manuels, en partie intellectuels, — les autres enfin de travaux purement intellectuels ;

C'est que, d'après cela, sont ouvriers :

L'écrivain comme le forgeron,

Le magistrat comme le tisserand,
Le chef de l'État comme le manœuvre,
Le ministre de la religion comme le laboureur ;
Tous ceux enfin dont la vie est consacrée à d'utiles
    travaux ;

C'est que dans cette innombrable famille de travailleurs (qui forme dans notre belle France la presque
totalité de la population), il n'y en a pas un qui ne
travaille que pour lui seul, que tous, au contraire,
travaillent à la fois pour leurs frères en même temps
que pour eux-mêmes ;

C'est que le travail est devenu ainsi le lien de la société moderne, — qu'il est le plus beau, ou du moins
le plus pratique de tous les principes de charité et
d'amour des hommes les uns pour les autres ;

C'est que dans l'échelle du travail il n'y a aucune dis-
tance appréciable entre un homme et un autre
homme : car le travail se mesure, par une gradation
insensible, à toutes les forces, à toutes les intelli-
gences, à toutes les positions.

Arrière donc (s'il pouvait y en avoir) tous ceux qui, dans
leur folle vanité, pourraient encore rêver qu'ils sont faits
d'un autre limon que leurs frères, et qu'il n'y a rien qui
les lie avec le dernier homme du peuple qui travaille ;

Arrière aussi tous ceux qui crient aux ouvriers que les
bourgeois et eux sont deux peuples à part.....
Des démarcations !..... Il n'y en a plus depuis 89 ; — il
n'y en a plus dans nos lois ; — il n'y en a plus dans nos
mœurs ; — le droit et le fait les ont complétement détruites.
Maintenant, il y a au contraire entre tous les hommes
une loi d'union intime et indissoluble.
Cette loi, je viens de le dire, — c'est celle du travail....

du travail qui établit entre tous ceux qui remplissent bien leur tâche, qu'ils soient ouvriers par les bras ou par la pensée, une grande assurance mutuelle d'amour et d'estime des uns pour les autres.

Mais allons plus loin, et disons que le travail doit assurer *aux bons travailleurs* quelque chose de plus encore que l'estime et l'amour de leurs frères.

Ce quelque chose de plus, c'est le pain de leur vie et leur part de bien-être dans ce monde : — d'abord, bien entendu, pendant les années où ils travaillent, — et ensuite encore pendant leur vieillesse, où ils devront se reposer.

Et ce quelque chose de plus, ils doivent l'avoir sous la garantie de la société tout entière :

C'est-à-dire que la société, à part tout ce qu'elle doit faire pour les intérêts moraux des travailleurs, a deux grandes obligations à remplir vis-à-vis d'eux :

La première, de veiller à ce que l'homme valide et qui *demande à travailler* ne manque jamais de travail ;

La seconde, de veiller à ce que l'homme devenu vieux et infirme qui *a bien travaillé* ait une existence assurée.

Je ne suis pas de ceux qui calomnient la France en disant qu'on n'y a pas fait, depuis un demi-siècle, énormément de choses en faveur des travailleurs ; — mais je ne craindrai pas d'avouer aussi qu'on y a failli à ces deux grandes obligations.

De là peut-être l'éruption du volcan de février.

Pour empêcher la secousse qu'elle a donnée au monde, que nous a-t-il manqué ?

La volonté d'organiser.

Si nous l'avions eue, nous n'aurions pas vu, pendant de longues années, une prospérité presque surabondante qui inondait, si l'on peut dire, des classes ouvrières elles-mêmes, et à côté de cette étonnante prospérité tant d'affreuses misères ;

Si nous l'avions eue, tant d'argent n'aurait pas été répandu sans que ceux au milieu desquels il tombait eussent su améliorer leur condition ;

Si nous l'avions eue, nous n'aurions pas admis que, si tous ceux qui portent les armes pour le pays ou qui travaillent dans les administrations doivent recevoir une pension de retraite après de longs services, il fût bien de rester insoucieux du sort de tous ceux qui, sans avoir été soldats ou employés de l'État, n'en ont pas moins usé les forces de leur vie à d'utiles travaux.

Et qu'on ne vienne pas dire que c'eût été ou que cela serait chose trop grande et trop colossale que de donner

À tant de millions d'hommes qui VEULENT TRAVAILLER le pain du travail,

Et à tant d'autres millions d'hommes qui ONT BIEN TRAVAILLÉ le pain du repos.

Ce qu'il faut examiner d'abord, c'est le principe ; — ne mesurer la difficulté de l'exécution qu'après, et, cette difficulté fût-elle immense (j'espère démontrer qu'elle ne le serait pas), se souvenir que notre temps est celui des grandes choses.

Or qui pourrait nier

Qu'à l'homme *qui veut travailler*, la société doit, non l'aumône, mais le pain du travail?

Qu'à l'homme *qui a bien travaillé*, la société doit, non l'aumône, mais le pain du repos?

Personne en France. — Voilà donc pour le principe.

Passons à l'exécution, — et disons vite qu'elle ne peut avoir rien qui ressemble à la taxe des pauvres, si dégradante pour le peuple anglais, pour ceux qui donnent comme pour ceux qui reçoivent, si aristocratique dans son principe

et dans ses effets, si à l'encontre de toutes les idées démo-
cratiques.

Ce qu'il faut qu'elle soit, c'est une organisation des travailleurs, ou, si l'on veut, une régularisation des obligations et des droits des travailleurs comme membres de la
grande famille sociale.

J'arrive ainsi à dire quelles ont été, depuis longtemps,
mes idées sur cette organisation véritablement colossale et
sur les moyens de la rendre cependant d'une application
facile.

ORGANISATION DES TRAVAILLEURS.

PRINCIPES GÉNÉRAUX.

1.

L'homme est né pour le travail : — mais avant tout il est
né libre.

La société ne peut donc contraindre un homme à travailler s'il n'a pas perdu sa liberté ;
Mais tout homme qui fait un travail utile, à l'aide de ses
bras, ou de sa pensée, mérite bien de la société.

2.

La société doit une égale protection aux ouvriers qui travaillent par les bras et à ceux qui travaillent par la pensée.

3.

Parmi les ouvriers qui travaillent par les bras, la société
doit honorer, avant tout, ceux qui travaillent à la terre.

Parmi les ouvriers qui travaillent par la pensée, elle doit

honorer, avant tout, ceux qui travaillent à la morale publique.

4.

Si on fait entrer dans l'éducation de la jeunesse de l'exercer au maniement des armes, il faut, avant tout, y faire entrer de l'exercer aux travaux de la terre, d'habituer ses bras à la cultiver, d'initier son esprit aux notions de l'agriculture ; — il faut lui apprendre, lui rappeler sans cesse que les travaux de la terre doivent être, par-dessus tout, les plus honorés.

Il faut que cet enseignement ne souffre aucune exception, qu'il soit répandu dans toutes les écoles. — Les études classiques n'en souffriront pas ; les mœurs et la santé publiques y gagneront.

DES LIVRETS

ET DES PENSIONS DE RETRAITE DES TRAVAILLEURS.

5.

Tout Français est supposé travailler et peut dès lors réclamer un livret de travailleur sur lequel ses travaux sont inscrits.

Le livret n'est pas obligatoire : mais on doit tenir à honneur d'en avoir un.

Le Chef de la République et les représentants de la nation donnent l'exemple en faisant inscrire sur leur livret le temps de travail qu'ils consacrent au service du pays.

6.

Le livret tient lieu de passe-port.

Il est tout à la fois LIVRET DE CIVISME et LIVRET DE TRAVAIL.

7.

Le livret est délivré aux femmes qui travaillent, comme aux hommes qui travaillent, et leur confère les mêmes avantages.

8.

Le livret, en constatant des travaux faits, constate des droits acquis *imprescriptibles* : — il ne peut dès lors être *périssable*.

Pour atteindre ce but, toutes les fois qu'un travailleur demande un livret, l'original de ce livret reste dans les bureaux de l'administration du chef-lieu du département auquel l'ouvrier appartient, à peu près de même que les minutes des actes des notaires restent déposées dans leurs études.

9.

Le double du livret est délivré *gratis* au travailleur.

S'il le perd, ou si par tout autre motif il veut avoir une autre expédition de son livret, il est obligé de la payer.

10.

Tout travail constaté sur le livret du travailleur doit être reporté (comme il sera dit plus loin) sur le livret original déposé au chef-lieu du département.

11.

Quand un ouvrier ne travaille pas au chef-lieu de son département, il lui est ouvert dans le lieu où il travaille un *livret parcellaire*, sur lequel on reporte, comme on l'aurait fait sur le livret original, tous ses travaux ou tout son temps de travail; — et à la fin de chaque année, le relevé du livret parcellaire est adressé au chef-lieu du département auquel l'ouvrier appartient, afin de le porter sur son livret original.

De cette façon il ne peut y avoir aucune lacune dans la constatation des droits acquis à un ouvrier, et son livret original présente, comme celui qui est dans ses mains, toute sa vie de travail, y compris même le temps qu'il a passé en apprentissage ou dans les écoles.

12.

En même temps que l'inscription est faite sur le livret original ou parcellaire déposé à l'administration, il est payé un droit proportionnel destiné à servir les pensions et retraites des travailleurs auxquels il en est accordé.

13.

Le droit proportionnel est payé par ceux qui font travailler l'ouvrier ;

Ainsi :

Par l'État, sur les traitements des employés de l'administration, depuis le Chef de la République jusqu'au plus petit fonctionnaire ;

Par les entrepreneurs, sur les prix de journée des ouvriers ;

Par les chefs des exploitations agricoles ou industrielles, sur les salaires de tous ceux qu'ils emploient ;

Par les maîtres, sur les gages des gens de leur maison et de leurs domestiques.

Pour plus de clarté, on appellera patrons tous ceux pour lesquels le travail est fait, et qui doivent payer le droit dont il est parlé plus haut.

Ainsi :

L'État, les entrepreneurs, les chefs d'exploitation, etc., sont les patrons.

Et on appellera indistinctement ouvriers ou travailleurs ceux qui travaillent pour les patrons.

14.

Pour avoir droit à une pension de retraite, le travailleur doit avoir, selon la carrière dans laquelle il aura travaillé, un nombre déterminé d'années de *bons* travaux et au moins 60 ans d'âge.

15.

Il y a exception en faveur d'un ouvrier devenu incapable de travailler par suite d'infirmités provenant du travail.

16.

La veuve ou les orphelins d'un travailleur tué en travaillant ont aussi droit à une pension.

17.

Ne sont comptés pour la retraite du travailleur :
D'abord que les travaux réellement faits ;
Ensuite que ceux pour lesquels il aura rempli ses engagements.
Il faut ajouter que les travaux pour lesquels il ne les aura pas remplis devront être rachetés par des travaux tout à fait équivalents.
Ainsi quand un ouvrier engagé à travailler chez un patron manquera pendant un jour à son travail, non-seulement ce jour ne sera pas inscrit à son livret, mais il y aura un autre jour de bon travail qui, bien que payé par le patron à cet ouvrier, ne sera pas compté à sa retraite, afin de lui faire racheter sa faute.

18.

Tout ouvrier qui changera d'atelier perdra à chaque changement une certaine partie du temps qui lui est nécessaire pour avoir sa retraite.
Cette partie de temps sera déterminée par la loi selon les diverses professions.

19.

Chaque fois qu'un ouvrier aura fait trois ans de travail de suite, sans perdre un seul jour de droits à sa retraite, il recevra le brevet d'*un degré de confiance*.

Un ouvrier pourra ainsi avoir plusieurs brevets *de confiance* dans sa vie de travail. — Celui qui n'en aura obtenu qu'un sera breveté à *un degré ;* celui qui en aura obtenu deux sera breveté à *deux degrés,* et ainsi de suite.

20.

Les degrés de confiance peuvent être obtenus consécutivement ou à des temps d'intervalle plus ou moins longs, sans que cela rende plus difficile à l'ouvrier de les avoir. — La seule condition est que l'ouvrier fasse de suite les trois années qui lui donneront droit à l'obtention d'un brevet.

21.

Chaque *degré de confiance* donne droit à une retraite plus forte.

A chaque nombre déterminé de *degrés* sont en outre attachés d'autres avantages qui sont accordés par la République, soit à l'ouvrier lui-même, soit à ses enfants.

Un règlement particulier déterminera ces divers avantages et leur proportion, comme aussi les moyens qui existeraient pour un ouvrier de se faire excuser d'une faute involontaire, ou de racheter une faute exceptionnelle.

22.

Toutes les fois qu'un patron emploie moins de dix ouvriers, il peut se charger de recueillir les livrets de son atelier et de faire les décomptes établissant *à chaque paye* la somme des travaux faits par chaque ouvrier et le montant des droits à payer à la caisse des retraites.

De 10 à 50 ouvriers, le patron doit (à moins d'impossibilité) composer son atelier en prenant autant d'ouvriers
brevetés d'*un degré de confiance* qu'il doit y avoir de fois
10 ouvriers dans l'atelier, et chacun de ces ouvriers *de con-*
fiance recueille 10 livrets, fait le décompte de chacun d'eux
et un résumé qu'il remet au patron avec le paquet des livrets. — Celui-ci enfin réunit tous les résumés partiels pour
former, à chaque paye, le résumé total de son atelier.

De 50 à 100 ouvriers, le patron est tenu d'avoir (toujours
à moins d'impossibilité) autant d'ouvriers brevetés à *un degré*
de confiance qu'il doit y avoir de fois 10 ouvriers dans
l'atelier et de plus un ouvrier breveté à *deux degrés*. — Ce
dernier réunit en un résumé général les décomptes formés
par les ouvriers ayant des brevets de *premier degré*, et remet
toutes les pièces au patron après les avoir vérifiées.

Au delà du nombre de 100 ouvriers, cette organisation se
répète autant de fois qu'il y a de fois 100 ouvriers.

23.

Dans tous les cas, c'est toujours le patron, ou quelqu'un
pour lui qui, à chaque paye, doit aller porter à l'administration locale le décompte général de son atelier pour faire
opérer les inscriptions des travaux constatés au profit de ses
ouvriers, — faire viser leurs livrets, — et pour, en outre,
acquitter le droit destiné au fonds des pensions de retraite.

24.

L'obligation imposée aux patrons d'avoir toujours dans
leurs ateliers au moins un nombre déterminé d'ouvriers *de*
confiance, en raison du nombre total de leurs ouvriers,
n'implique nullement la défense pour eux d'avoir un plus
grand nombre de ces ouvriers *de confiance*.

25.

Les intérêts des patrons et ceux des ouvriers établissent

entre eux un contrôle continuel, qui semble devoir garantir
qu'il n'y aura jamais de fraude possible dans les inscriptions
sur les livrets. — Quoi qu'il en soit, des mesures très-simples
font regarder que les fraudes qu'on voudrait tenter seraient
promptement découvertes, et elles seraient punies avec une
extrême sévérité.

26.

Les dispositions qui précèdent ne peuvent laisser de doute
sur le mode de formation des livrets de tous les travailleurs
dont les droits se mesurent par *le temps de travail*.

Les droits des travailleurs qui ne se mesurent pas par
le temps de travail sont également constatables sur leur
livret par la simple déclaration de la valeur de leurs ouvrages.

Ces derniers travailleurs ont seulement la faculté de dis-
penser ceux pour lesquels ils font un travail de payer à leur
profit un droit pour le fonds des retraites, — hormis toutefois le cas d'un marché écrit où ce payement devient obligatoire.

27.

La retraite d'un travailleur sera calculée en relevant sur
son livret :

    d'une part, tous les bons travaux de sa vie, déduction
      faite de ceux qui sont indiqués comme ne pouvant
      lui être comptés ;
    d'autre part, les versements faits à la caisse des retraites
      comme droit payé sur ces mêmes travaux.

Une loi spéciale déterminera d'ailleurs quelle sera, com-
parativement à la somme totale de ces versements, la proportion de la retraite pour les diverses catégories de travailleurs, depuis le Chef de la République jusqu'au plus pauvre
ouvrier.

28.

A la mort d'un travailleur, l'administration ne peut refuser à la famille de lui remettre le livret original de ce travailleur.

29.

Toute contestation au sujet des livrets est déférée à un jury, dans lequel les patrons et les travailleurs sont représentés.

DES DROITS A LA RETRAITE ACQUIS PAR DES TRAVAILLEURS AVANT LA PROMULGATION DE LA LOI.

30.

Les articles qui précèdent garantissent sans doute à tous les travailleurs encore jeunes qu'ils auraient, dans leur vieillesse, la récompense de leurs bons travaux ; — mais la société ne peut rester ingrate à l'égard de ceux qui, déjà âgés, ont de longues années de travail.

En conséquence, pendant un an, à partir de la promulgation de la loi, tous les travailleurs seront admis à faire la déclaration de leurs droits, c'est-à-dire de tous les travaux qu'ils ont faits.

31.

La déclaration faite par les travailleurs devra être appuyée de pièces justificatives, ou de certificats délivrés par des personnes connues, et suivant la forme qui sera déterminée.

32.

Des commissions spéciales seront nommées pour vérifier la sincérité des déclarations des travailleurs et le mérite des pièces justificatives.

Une seule affirmation de travail mensongère priverait le

travailleur de tous ses droits acquis avant la promulgation de la loi.

33.

La valeur de tous les travaux faits avant la promulgation de la loi, et admis par les commissions, ne comptera toutefois que pour les deux tiers de la valeur de ceux qui, dans l'avenir, seront inscrits régulièrement sur les livrets ; — c'est-à-dire que des travaux admis pour une valeur de 3,000 fr. ne donneront pas plus de droits que des travaux inscrits, à partir de la promulgation de la loi, pour une valeur de 2,000 fr.

34.

Au bout de cinq ans, à partir de la promulgation de la loi, on liquidera les pensions de ceux des travailleurs qui, à raison de leurs anciens droits reconnus, seront déjà dans les conditions d'avoir leur retraite.

35.

Ce n'est qu'au moment où la retraite d'un travailleur est liquidée que les droits admis par la commission, pour travaux faits avant la promulgation de la loi, lui sont définitivement acquis. — Jusque-là, ils peuvent être annulés par la moindre fraude découverte dans les pièces examinées par la commission.

36.

Les pensions accordées pour travaux faits, soit en totalité, soit en partie, avant la promulgation de la loi, seront payées sur la caisse des droits provenant des travaux faits depuis cette promulgation ; — car les travailleurs qui auront fait ces derniers travaux doivent, à leur tour, recevoir leur retraite sur les droits provenant des travaux de ceux qui travailleront à l'époque où elle leur sera payée.

37.

Le travail peut manquer aux ouvriers de deux manières :
Soit parce que, dans des temps de crises commerciales
ou politiques, les ressources de la fortune publique
et des fortunes privées se trouvent paralysées ;
Soit parce que certaines industries qui étaient en
grande prospérité ont à souffrir du développement
de quelques industries nouvelles, ou de changements
dans les besoins de la consommation.

38.

Dans le premier cas, celui des temps de crises commerciales ou politiques, le gouvernement emploie d'abord tous
les moyens dont il peut disposer pour soutenir les industries qui souffrent, et, si tous ces moyens sont insuffisants,
le remède au mal se trouve :

1° Dans l'existence permanente de *grands ateliers nationaux,* organisés comme il sera dit plus loin ;
2° Dans l'existence également permanente de *colonies
de travail,* organisées comme il sera encor e dit plus
loin.

39.

Dans le second cas (celui de revirements da ns les industries), l'administration, avant de recourir au x admissions
dans les *ateliers nationaux* ou dans les *coloni es de travail,*
emploie tous les moyens dont elle dispose p ur empêcher
que ces revirements n'aient des conséquence s désastreuses
pour les ouvriers qu'ils peuvent atteindre.

Elle donne d'avance, dans les pays où s'e xercent les industries qu'elle sait qui auront à souffrir, des avertissements

2.

directs ou indirects ; — et les parents qui ne pouvaient prévoir le coup qui les menaçait ne mettent plus autant d'enfants en apprentissage dans ces industries ; — des encoura-
gements efficaces viennent ensuite favoriser le développement
dans les mêmes pays de quelques autres industries nouvelles.

DES ATELIERS NATIONAUX.

40.

Les ateliers nationaux sont EXCLUSIVEMENT destinés à de
grands travaux publics et particulièrement à des travaux de
la terre.

41.

Les ateliers nationaux sont sous la direction immédiate
de l'État.

Ils sont ESSENTIELLEMENT mobiles, comme des corps d'ar-
mée. — Les détails de leur organisation sont déterminés
par une loi.

42.

Les cadres composés de *travailleurs permanents* sont
entendus de manière à pouvoir admettre, à quelque époque
que ce soit, autant de *travailleurs passagers* qu'il s'en
présentera.

43.

La loi détermine d'avance une série de grands travaux
auxquels les ateliers nationaux peuvent être employés. —
Parmi ces travaux, l'administration détermine ceux auxquels il convient d'employer ces ateliers, qui sont tous à sa
disposition.

44.

Les colonies de travail renferment des ouvriers de diverses professions manuelles et de quelques professions intellectuelles.

45.

Elles sont composées :

1° De *travailleurs colons*, qui forment le fonds de la population de la colonie;
2° De *travailleurs passagers*, qui y sont admis dans une limite déterminée.

46.

Des colonies de travail sont établies sur un grand nombre de points du territoire de la République.

Le lieu assigné à chacune est déterminé par la loi, et elle ne peut en changer sans une loi nouvelle.

47.

Les colonies de travail sont fondées aux frais de sociétés composées de citoyens zélés, et à leurs risques et périls. — Elles peuvent, dans des cas prévus par la loi, recevoir une subvention de la République.

48.

Les colonies de travail peuvent, jusqu'à un certain point, être assimilées à des phalanstères ou à des couvents religieux.

La discipline en est extrêmement sévère.

Tous ceux qui veulent y entrer, soit comme *travailleurs colons*, soit comme *travailleurs passagers*, doivent savoir que, pendant le temps qu'ils y resteront, ils perdront au moins une partie de leur liberté.

Le directeur d'une colonie, assisté d'une commission choisie parmi les fondateurs, remplit des fonctions administratives et judiciaires. — Ses décisions sont sans appel.

49.

Les colonies de travail sont toutefois soumises à la surveillance des Procureurs de la République.

DISPOSITIONS RELATIVES AUX TRAVAILLEURS PASSAGERS DANS LES ATELIERS NATIONAUX ET DANS LES COLONIES DE TRAVAIL.

50.

Toutes les fois que des travailleurs manquent de travail, la règle est l'admission dans un Atelier National, et nul ne doit dédaigner d'y entrer s'il a la force suffisante, puisque, de tous les travaux, ceux de la terre sont ceux qui doivent être le plus honorés, et que tout citoyen en a fait l'apprentissage dans sa jeunesse.

L'exception est l'admission dans les colonies de travail, qui, en principe, ne doivent être ouvertes dans les temps de crise, que pour les hommes incapables de supporter les fatigues d'un atelier national, et ensuite pour les femmes.

51.

La solde des *travailleurs passagers* dans les ateliers nationaux et dans les colonies de travail est *au-dessous* de celle qu'ils auraient dans les ateliers libres, afin que les ateliers libres ne soient pas exposés à être désertés dans les temps où ils ont besoin de conserver les bras de leurs travailleurs.

52.

Par le même motif, le droit proportionnel versé à la caisse des retraites pour les *travailleurs passagers* est lui-même beaucoup plus faible qu'il ne l'est quand ils sont employés dans les ateliers libres.

53.

Les avantages les plus marqués que l'admission passagère dans les ateliers nationaux et dans les colonies de travail présente aux travailleurs sont donc :

1° de leur procurer dans les temps difficiles un prix de journée suffisant pour les faire vivre;

2° de ne pas interrompre le nombre des années de travaux qu'ils sont obligés de faire pour arriver à leur temps de retraite.

———

En indiquant cette organisation immense, nous avons négligé une foule de détails qui, bien qu'indispensables pour la faire fonctionner, auraient embarrassé l'exposé que nous avions à faire.

Nous avons seulement abordé franchement plusieurs grands principes, parce que, une fois posés, les conséquences découlent toujours.

Il y a eu, hier, des esprits trop craintifs pour avoir osé accepter ces principes.

Y aura-t-il, aujourd'hui, des esprits assez calmes pour savoir s'en contenter?

Ce n'est pas à des hommes d'hier que nous venons de parler..... Nous savons que HIER est fini.

Nous venons de parler aux hommes d'aujourd'hui, et nous leur avons dit :

CONCLUSION.

Aujourd'hui a besoin d'institutions qui durent demain ;

Aujourd'hui ne veut une destruction qu'à la condition
de mettre quelque chose de meilleur à la place ;

Aujourd'hui dès lors ne peut détruire ni *la propriété*,
inscrite par nos pères tout à côté de *la liberté* dans
la déclaration des droits de l'homme ; — ni *la famille*, qui, dans les vieilles sociétés, peut seule conserver la vertu et les bons sentiments du cœur ;

Aujourd'hui ne veut pas qu'au nom *du travail*, de cette
loi d'union qui invite tous les hommes à s'aimer les
uns les autres, on excite les ouvriers à la haine de
tous ceux qu'on leur désigne sous le nom de *bourgeois*, et qui presque tous sont ouvriers comme eux ;

Mais Aujourd'hui veut *la fraternité* par *le travail* ;

Mais Aujourd'hui veut que les forces les plus actives du
travail soient portées vers les travaux de la terre ;

Mais Aujourd'hui veut qu'on ne mette plus en oubli
cette vérité éternelle, qu'entre tous les travaux des
hommes, ceux de la terre doivent être les plus honorés ;

Mais Aujourd'hui veut que le travail assure l'existence
du travailleur, non-seulement pendant qu'il a la
force de travailler, mais aussi plus tard, quand il a
besoin de repos ;

Mais Aujourd'hui veut encore que la société garantisse
du travail à tous ceux qui demandent à travailler.

Et quand nous venons de dire toutes ces choses aux hommes d'aujourd'hui, nous n'avons fait que répéter ce que
nous disions à des hommes d'hier.

Nous nous attendons certainement encore à bien des objections.

Il y aura des gens qui trouveront peut-être trop radical de faire entrer le travail de la terre dans l'éducation de la jeunesse..... Nous croyons, nous, que jamais, dans aucun temps, dans aucun pays, il n'a été plus nécessaire de porter toutes les forces vitales et intellectuelles vers l'agriculture.

Il y en aura d'autres qui reculeront devant une organisation aussi vaste que celle que nous avons indiquée pour la tenue des *livrets*... Nous croyons, nous, que, si elle est vaste, elle s'appuie sur une base bien plus vaste encore qui rend facile de la mettre à exécution.

Il y en aura d'autres qui trouveront les règles que nous avons posées pour la composition des ateliers trop assujettissantes, qui n'accepteront pas l'obligation d'y avoir des ouvriers de *confiance*, ou qui ne voudront pas que la retraite des ouvriers ait à souffrir quand ils manqueront à leurs engagements vis-à-vis de leurs patrons...... Nous croyons, nous, que, si les ouvriers doivent recevoir beaucoup de la société, en revanche ils doivent, comme tous les citoyens, être tenus de lui donner des garanties, et qu'ils doivent s'honorer en se les donnant à eux-mêmes.

Il y en aura d'autres qui diront que le droit que nous proposons pour former le fonds des retraites est un nouvel impôt, et que cet impôt sera énorme, puisqu'il faudra qu'il serve un nombre énorme de pensions...... Nous affirmons, nous, qu'à raison du nombre bien des fois plus grand encore des travaux sur lesquels le droit sera prélevé, ce droit sera en définitive peu considérable, qu'au fond il ne peut même être regardé ni comme un impôt, ni comme une charge.

Examinons en effet :

Le droit est payé par les patrons, c'est-à-dire en général par l'État ou par les chefs d'industrie.

Or pour ce qui regarde l'État, il faut dire que la plupart de ses employés avaient déjà droit à une retraite, et que ce ne sera dès lors qu'un changement de forme et non de fond. — Dans l'ancien ordre de choses, le droit, sous la dénomination de retenue, était prélevé en dedans du traitement; — à l'avenir il serait pris en dehors en réduisant d'autant le traitement : — ce serait là tout le changement; il n'y aurait donc pas création d'impôt.

Pour ce qui regarde les chefs d'industrie, le droit aurait bien au premier abord quelque apparence d'un impôt nouveau; mais, comme en réalité il donne à ces mêmes chefs d'industrie l'immense garantie pour eux que les travailleurs ne manqueront plus de venir régulièrement à leurs ateliers, le droit ne peut plus être appelé une charge, mais un véritable échange d'avantages. — Nous disons qu'il constitue un véritable échange d'avantages :

Parce que les ouvriers, amenés à se corriger de funestes habitudes, causes pour eux de tant de misères, de tant de chagrins domestiques, de tant de dépravations, deviendront plus heureux, meilleurs, et penseront à l'avenir, qui, pour eux, apportera la récompense due à de bons travaux;

Et parce que les patrons, débarrassés de toutes les inquiétudes, de tous les embarras que leur causaient l'irrégularité de la conduite de leurs ouvriers, seront à l'abri de bien des pertes et rempliront mieux leurs propres engagements.

Supposons cependant (et pour un moment seulement) que la compensation, qui est évidente pour nous et qui l'a été pour les patrons que nous avons consultés, puisse être contestée par d'autres, — et demandons à ceux qui ne l'admettraient pas si les augmentations de salaire mal obtenues par les coalitions d'ouvriers , mais subies en définitive par les patrons , n'ont pas imposé une charge bien autrement lourde que le droit que nous proposons ? — On nous répondra peut-être que les concessions faites aux coalitions ont eu pour conséquence de faire augmenter les prix des ouvrages; — eh bien! soit : car nous dirions à notre tour que, s'il le fallait, on ferait de même pour couvrir le droit destiné au fonds des retraites. — Le consommateur payerait l'augmentation : - cette fois du moins ce serait pour procurer un grand avantage à la fois social et humanitaire.

Mais hâtons-nous de rappeler bien vite que ce que nous avons concédé un instant, sous forme de simple supposition, ne doit pas être concédé. — Nous sommes au contraire bien fermement persuadé que ceux qui auraient à payer, en faveur des retraites des travailleurs, un droit combiné comme celui que nous avons indiqué , seraient heureux d'acheter à son prix les avantages qu'ils devraient en retirer; et que la société arriverait à ce résultat, on pourrait dire merveilleux, qu'elle obtiendrait d'immenses ressources capables d'assurer à des millions de travailleurs une bonne existence du repos après une bonne existence du travail, et qu'elle obtiendrait ces immenses ressources sans avoir imposé aucune charge au Trésor, aucune retenue aux travailleurs, aucune contribution aux citoyens.

Il y aura d'autres gens encore qui ne s'expliqueront pas que, pour payer à des ouvriers les retraites qui leur seraient accordées pour travaux antérieurs à la promulgation de la loi, nous osions employer (ainsi que nous le proposons à l'article 36) l'argent du travail qui serait fait à partir d'aujourd'hui par d'autres ouvriers. — Ils se demanderont si ce ne serait pas détourner de leur destination des sommes qui devraient être réservées pour la retraite de ceux qui les font entrer dans la caisse ?..... Nous leur rappellerons, nous, que dans notre système rien n'est payé par l'homme qui travaille, mais que *le droit* destiné aux retraites est acquitté par les patrons ; - que ce droit n'est point une retenue sur les salaires, mais qu'il serait plutôt assimilable à un droit d'enregistrement; - que la caisse des retraites ne renferme aucune somme qui soit la propriété d'un ouvrier en particulier, mais que toutes, au contraire, appartiennent à tous en général, - et que cette caisse est dès lors comme une caisse publique où toutes les valeurs se confondent pour être appliquées, sans distinction d'origine, aux besoins que la loi détermine.

Nous dirions ensuite que nous avons sur la retraite des travailleurs un principe tout opposé à celui qui servait de base aux retraites des employés de l'État. — Nous ne voulons, en effet, ni laisser dormir les fonds qui leur sont dus, ni les faire servir à des opérations de banque. — L'argent des ouvriers n'a rien à faire avec la banque ; — c'est assez pour eux de la funeste expérience du passé.

Retarder à payer est ici trop dangereux et n'apporte d'ailleurs, aux yeux de l'homme qui médite, que des avantages fictifs.

Payer, au contraire, immédiatement ou presque immédiatement, quand on a assez d'argent (et nous en aurons assez), est le plus juste et le plus sûr.

Et, en le faisant, la société tout entière sera dès aujourd'hui rassurée, car les travailleurs, au lieu de voir dans un avenir éloigné le bienfait de leur retraite, n'auront à attendre que le temps nécessaire à la *mise en train* (si l'on peut s'exprimer ainsi) du système à organiser.

Il y aura d'autres gens qui se plaindront de ce que nous ne soyons pas entré dans assez d'explications sur l'organisation des ateliers nationaux, qui craindront que le nombre des bras n'arrive quelquefois à y dépasser les besoins des travaux et les ressources du pays ; — il y en aura d'autres qui nous reprocheront d'avoir indiqué une règle trop sévère pour les colonies de travail... Nous répondrons aux uns, que les bornes de cet écrit nous ont empêché de donner à toutes nos propositions le développement dont elles auraient besoin, et que nous aimerions à leur donner si nous faisions un ouvrage plus étendu; — aux autres, nous répondrions que nous sommes partisan ardent de *la liberté du travail*, parce que nous sommes partisan ardent de *la liberté de l'homme*, que nous craignons tout ce qui habituerait l'homme à une chaîne, et qu'à nos yeux les colonies de travail, comme tous les établissements permanents, mettront toujours à la chaîne quiconque y voudra entrer. — Nous voulons alors, si cette chaîne devient momentanément nécessaire, qu'elle soit assez rude pour que l'homme la sente, et qu'il ne la garde qu'autant qu'il lui conviendra de la porter.

Il y aura ensuite d'autres voix peut-être, qui s'élèveront pour regretter que nous ne nous soyons pas attaché davantage à la grande question des intérêts moraux des travailleurs.....

Nous dirons, nous, que cette question véritablement grande se divise elle-même en deux questions :

> L'une absolue ou directe : c'est l'amélioration morale des travailleurs par leur instruction et par l'enseignement même de la morale;
>
> L'autre corrélative ou indirecte : c'est l'amélioration morale des travailleurs par l'amélioration de leurs intérêts matériels

Sans doute, nous ne nous sommes pas occupé de la première. — Ce n'était pas ici la place. — Cette question, en quelque sorte de pure morale, est et doit être un sujet de méditations à part.

Mais n'aurions-nous rien fait pour la seconde, si l'ouvrier qui naguère ne paraissait à son atelier qu'une partie de la semaine, qui dépensait mal pendant les jours d'absence ou de chômage, tout ce qu'il gagnait pendant les jours de tra-

vail, qui tombait alors dans une vie de misères et de désordres; si, disons-nous, cet ouvrier se trouvait transformé,
si chaque semaine lui donnait le prix de ses six jours de
travail; si, dès sa jeunesse et pendant toute sa carrière de
travail, les économies lui devenaient faciles....? Eh bien!
nous le disons avec confiance, cette transformation se fera...
Et l'ouvrier alors aura une famille qui sera ce que doit être
la famille de l'ouvrier, alors sa femme et ses enfants bien
légitimes recevront de lui l'exemple d'une conduite régu-
lière ; alors l'espérance d'une pension de retraite bien méri-
tée, et dont tous seront fiers, répandra dans la maison du
courage et du bonheur tout à la fois...... Et personne, personne au monde ne pourra nous refuser que créer de telles
améliorations dans les intérêts matériels, ce ne soit assurer
en même temps de bien grandes améliorations morales.

N'y aura-t-il pas enfin (et comment en serait-il autrement) une foule d'autres objections que nous ne pouvons
prévoir ?.... Nous les appelons toutes pour éclairer le débat.
— Mais il y a dans notre conscience quelque chose qui nous
dit qu'aucune de ces objections ne nous ferait déserter le
terrain où nous sommes placé ; car nous l'avons dit en
commençant, et, en terminant, il nous faut encore le répéter : — La vérité est éternelle, et quand, après les méditations d'une vie entière passée au milieu des ouvriers, nous
avons acquis la conviction que là, à cette place où nous sommes, peuvent être fondées les institutions qui doivent ratta-
cher les intérêts de ces mêmes ouvriers à tous ceux de la
grande famille sociale, nous devons le dire, le dire bien
haut, nous faire soldat et rester soldat pour soutenir et
défendre ce qui est à nos yeux la vérité.

Typographie Plon frères, 36, rue de Vaugirard.

www.ingramcontent.com/pod-product-compliance
Ingram Content Group UK Ltd.
Pitfield, Milton Keynes, MK11 3LW, UK
UKHW020048080726
13614UKWH00004B/1949